BEI GRIN MACHT SICH IHR WISSEN BEZAHLT

- Wir veröffentlichen Ihre Hausarbeit, Bachelor- und Masterarbeit

- Ihr eigenes eBook und Buch - weltweit in allen wichtigen Shops

- Verdienen Sie an jedem Verkauf

Jetzt bei www.GRIN.com hochladen und kostenlos publizieren

Bibliografische Information der Deutschen Nationalbibliothek:

Die Deutsche Bibliothek verzeichnet diese Publikation in der Deutschen National-
bibliografie; detaillierte bibliografische Daten sind im Internet über http://dnb.d-
nb.de/ abrufbar.

Impressum:

Copyright © 2018 GRIN Verlag
Druck und Bindung: Books on Demand GmbH, Norderstedt Germany
ISBN: 9783668829763

Dieses Buch bei GRIN:

https://www.grin.com/document/443844

Kevin Müller

Formel 1. Ökologisch und ökonomisch noch sinnvoll?

GRIN Verlag

GRIN - Your knowledge has value

Der GRIN Verlag publiziert seit 1998 wissenschaftliche Arbeiten von Studenten, Hochschullehrern und anderen Akademikern als eBook und gedrucktes Buch. Die Verlagswebsite www.grin.com ist die ideale Plattform zur Veröffentlichung von Hausarbeiten, Abschlussarbeiten, wissenschaftlichen Aufsätzen, Dissertationen und Fachbüchern.

Besuchen Sie uns im Internet:

http://www.grin.com/

http://www.facebook.com/grincom

http://www.twitter.com/grin_com

Gymnasium Martino-Katharineum

Breite Straße 3 - 4

38100 Braunschweig

Facharbeit im Seminarfach

-

WorldChanging

Thema der Facharbeit

Formel 1 – ökologisch und ökonomisch noch sinnvoll?

Abb. 1: Mercedes-AMG F1 W09 EQ Power+ - Rennfahrzeug der Saison 2018 (nach **13**)

Verfasser: Kevin Müller

Abgabetermin: Donnerstag, der 27.09.2018

Inhaltsverzeichnis

1. Einleitung

In der Ihnen vorliegenden Facharbeit geht es um die Frage, ob die Formel 1 aus ökologischer und ökonomischer Sicht noch sinnvoll ist. Ich habe mir dieses Thema ausgesucht, da ich zum einen schon seit vielen Jahren die Formel 1 verfolge und besonders durch die Erfolge von Lewis Hamilton mehr Interesse an der Serie gewann, zum anderen weil mich die genauen Abläufe hinter den Kulissen, wie die Formel 1 beispielsweise Einfluss auf die Serienproduktion hat, sehr beeindrucken.

Die Facharbeit wird dabei zur Beantwortung der obigen Frage viele Aspekte im Bereich der Ökologie und Ökonomie der Formel 1 beleuchten, die einem normalen Fan meist verborgen bleiben.

Am Anfang werde ich mich unter dem Aspekt Ökologie mit den Entwicklungen der Motoreneinheiten und ihren Auswirkungen auf die Umwelt, konkret den CO_2-Emissionen beschäftigen. Außerdem werde ich in diesem Kapitel besonders auf die fortschreitende Hybridisierung und die zukünftige Entwicklung der Formel 1 beleuchten.

Danach wird sich die Facharbeit mit dem Aspekt Ökonomie beschäftigen. Da in der Formel 1 mehrere Gruppen wie Teams, Streckenbetreiber usw. mit unterschiedlichen Meinungen beteiligt sind, werde ich genaustens analysieren, wer wirtschaftlich am Besten aufgestellt ist und welchen Mehrwert aus der Formel 1 für sich ziehen kann.

Im Rahmen des Praxisteils habe ich ein Interview mit dem Hockenheimring geführt, um mehr über deren Ansicht zur Wirtschaftlichkeit in der Formel 1 zu erfahren.

Zum Schluss werde ich im Fazit die wichtigsten gesammelten Erkenntnisse aus den Bereichen Ökologie und Ökonomie zusammenfassen und versuchen, eine mögliche Antwort auf die Leitfrage dieser Facharbeit zu geben.

2. Ökologie

Unter dem Wort Ökologie versteht man die Wechselbeziehungen zwischen Lebewesen, wie Menschen oder Pflanzen und ihrer Umwelt (nach **1**; S. 543). Ich möchte mich daher im Folgenden mit den Auswirkungen der Formel 1 auf ihre Umwelt beschäftigen und dabei vor allem die Entwicklung der Motoren in den letzten Jahren hervorheben und ihre CO_2-Emissionen betrachten. Ferner werde ich Änderungen des Technischen Reglements im Bezug auf Kraftstoff einbeziehen.

2.1 Entwicklung der Motoreneinheiten

Seit Beginn der Formel 1 im Jahre 1950 haben sich die Motoren stark verändert, im Einsatz befanden sich dabei die unterschiedlichsten Hubräume und Zylinderanordnungen wie V6, V8 und V12. Ich möchte mich im Kern aber mit den beiden Motoren beschäftigen, die in den letzten 12 Jahren verwendet wurden. Der 2,4 Liter-V8-Motor wurde 2006 aufgrund von Kosteneinsparungen eingeführt, daher durften keine Entwicklungen während der Saison stattfinden. Außerdem wurde die Lebenszeit verlängert, in dem erstmalig eine Drehzahlbegrenzung (maximal 15.000 Umdrehungen pro Minute, vorher 20.000) eingeführt wurde.

Mit der Einführung von **KERS** (*Kinetic Energy Recovery System*) im Jahre 2009 konnten zusätzlich 80 PS genutzt werden. Der Fahrer konnte durch Bremsen Energie zurückgewinnen, die dann dem Antriebsstrang zurückgeführt wurde. Dabei wurden erste Schritte in Richtung Hybridisierung gemacht, außerdem sollte die Formel 1 an Relevanz für die Serienproduktion gewinnen (nach **4**).

Die bisher größten Veränderungen im Technischen Reglement erlebte die Serie im Jahre 2014. Um die Hybridtechnologie weiter voranzutreiben wurde der 1,6 Liter-V6-Motor mitsamt zwei Energierückgewinnungssystemen (*ERS*) sowie weiteren Komponenten eingeführt. Im Vergleich zum **KERS** kann das heutige **ERS** die doppelte Leistung und einen höheren Wirkungsgrad aufweisen. Außerdem sind die heutigen Motoren deutlich kraftstoffeffizienter als ihre 2,4 Liter-V8-Motoren Vorgänger.

Das ERS-Konzept basiert auf zwei Motorengeneratoren, der **MGU-K** (*Motor Generator Unit – Kinetic*) sowie der **MGU-H** (*Motor Generator Unit – Heat*), zudem einem **ES** (*Energy Store*) und dem **CE** (*Control Electronics*).

Die **MGU-K** ist eine leistungsgesteigerte Form des **KERS**, bei der weiterhin Bremsenergie in elektrische Energie umgewandelt wird. Dabei können ungefähr 160 PS dem Antriebsstrang zurückgeführt werden.

Die **MGU-H** ist mit dem Turbolader verbunden und wandelt die Wärmeenergie aus dem Abgas in elektrische Energie um. Die gewonnene Energie kann entweder dem Antriebsstrang zurückgeführt oder im Energiespeicher gespeichert werden.

Die heutige **Power Unit** besteht aus sechs Elementen, zu denen die vier **ERS**-Komponenten sowie der Verbrennungsmotor und der Turbolader gehören (s. **Abb. 2**). Jedem Fahrer stehen dabei jeweils vier zur Verfügung, werden mehr gebraucht, drohen Rückversetzungen von 5 bis 10 Plätzen in der Startaufstellung (nach **4**).

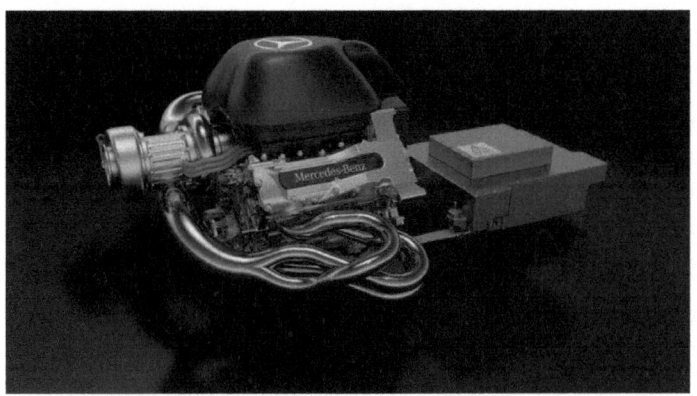

Abb. 2: Mercedes-Benz PU106A Hybrid – Mercedes Motor aus 2014 **(5)**

Da Ende 2020 das aktuell beschlossene Reglement ausläuft, wird es einige Veränderungen an der Power Unit ab 2021 geben. Dabei soll der V6-Turbomotor weiterhin die Basis bilden, jedoch soll die **MGU-H** wegfallen. Sie liefert zurzeit rund 60 Prozent der elektrischen Energie und steigert zudem die thermische Effizienz des gesamten Motors um fünf Prozent.

Insbesondere die Motorenchefs der Teams sind mit dieser Entscheidung nicht einverstanden, da durch das Fehlen der **MGU-H** der Motor an Effizienz verliert und zukünftig der Turbo nicht mehr bei niedrigen Drehzahlen angetrieben werden kann. Kompensiert werden soll dies mit einem höheren Benzindurchfluss und einer stärkeren **MGU-K**.

Ein weiterer Kritikpunkt bei dem neuen Reglement ist die Standardisierung. Zur Kostensenkung sollen Fahrzeugteile künftig nicht mehr während der Saison weiterentwickelt werden, was insbesondere den Privatteams entgegenkäme, da sie über geringere Budgets als die Werkteams verfügen [siehe 3.2.2] (nach **6**).

2.2 Entwicklung der CO_2-Emissionen

Die Folgen des Klimawandels werden immer weiter spürbarer, daher wird es auch immer häufiger in der Schule thematisiert. Auch in der Gesellschaft ist das Thema allgegenwärtig und zählt zu einer der wichtigsten Prioritäten. Daher wurden bereits in der Vergangenheit mehrere Klimakonferenzen abgehalten, die wichtigste datiert aus dem Jahre 2015, welche das sogenannte Pariser Abkommen hervorbrachte. Einer der größten Verursacher des Klimawandels sind CO_2-Emissionen, die besonders durch Autos, Schiffe und Flugzeuge produziert werden.

Daher steht die Formel 1 als Königsklasse des Motorsports einer besonderen Verantwortung gegenüber. Seit wenigen Jahren wird die Serie dieser Verantwortung auch gerecht. Besonders der Wechsel von den 2,4 Liter-V8-Motoren zu den 1,6 Liter-V6-Hybridmotoren im Jahre 2014 brachte große Veränderungen mit sich [siehe 2.1]. Zum einen verbrauchen die Rennwagen seit dem Wechsel rund ein Drittel weniger Kraftstoff, zum anderen wurde bereits 2010 das Nachtanken während des Rennens verboten und das Benzinlimit für das Rennen über die Jahre stückweise auf aktuell 100 kg verringert.

Die Einführung des ERS-Konzeptes [siehe 2.1] sowie die Senkung des Kraftstoffverbrauches führten zu einer Verringerung der CO_2-Emissionen um ganze 35%. Außerdem konnte der thermische Wirkungsgrad der Verbrennungsmotoren auf bis zu 45% gesteigert werden, herkömmliche Kohle- und Ölkraftwerke erreichen hingegen nur 33 % (nach **2**).

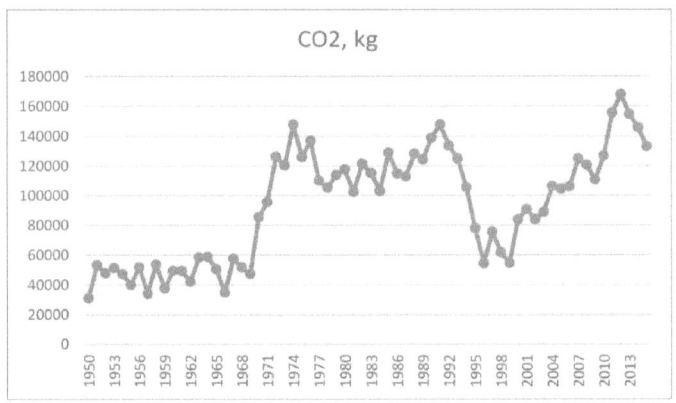

Abb. 3: Entwicklung der CO_2-Emissionen an Rennsonntagen (**2**; S. 17)

Die obige Abbildung (s. **Abb. 3**) veranschaulicht die starken Veränderungen der CO_2-Emissionen seit Beginn der Formel 1 im Jahre 1950. Besonders auffällig ist der Rückgang der CO_2-Emissionen seit 2014, bedingt durch die Einführung der V6-Hybridmotoren und dem gesenkten Benzinlimit.

3. Ökonomie

Unter dem Begriff Ökonomie versteht man die wirtschaftliche Struktur eines bestimmten Gebietes (nach **1**; S. 545). Im Folgenden Kapitel werde ich daher die unterschiedlichen Akteure, die in der Formel 1 beteiligt sind, unter Berücksichtigung der Leitfrage dieser Facharbeit genauer analysieren. Dabei wird sich zeigen, wer Gewinne und wer Verluste mit dem Geschäft in der Formel 1 macht, sowohl auf als auch abseits der Rennstrecke.

3.1 Sicht der Formula One Group

Die Formula One Group ist für die Werbung und kommerzielle Verwertung der Formel 1 verantwortlich. Sie untersteht dabei der FIA (Fédération Internationale de l'Automobile), die die Regularien der Formel 1 festlegt.

Die Haupteinnahmequellen sind der Verkauf der Rechte an die Streckenbetreiber und TV-Sender. Um ein Rennen auszutragen muss der jeweilige Streckenbetreiber Antrittsgebühren bezahlen, die in den entsprechenden Verträgen festgelegt werden [siehe 3.3].

Ähnlich sieht es mit den TV-Übertragungen aus. Die Formula One Group produziert das sogenannte „World Feed" (mit Ausnahme von Monaco), also die Aufnahmen, für die die verschiedenen TV-Sender die Übertragungsrechte kaufen.

Außerdem hat die Formula One Group Verträge mit verschiedenen Sponsoren, die als „Title Sponsor" ausgewählte Rennen sponsern (z.B. *ETIHAD AIRWAYS Abu Dhabi Grand Prix*) oder als „Global Partner" wie TATA für die Telekommunikation zuständig sind.

Im September 2016 erwarb Liberty Media die Rechte an der Formel 1 und löste damit das Konsortium rund um den langjährigen Geschäftsführer Bernie Ecclestone als Rechteinhaber ab. Sein Nachfolger wurde Chase Carey, der vorher Präsident bei 21st Century Fox war. Die Kaufsumme betrug knapp 8 Milliarden US-Dollar, zudem wurden knapp 4,4 Milliarden US-Dollar Schulden übernommen (nach **10**; S. 6).

Zukünftig will Liberty Media einige Veränderungen auf den Weg bringen, die vor allem im Bereich der Digitalisierung liegen. Seit März wird der hauseigene bezahlpflichtige Streamingdienst „F1 TV" angeboten, der es ermöglicht alle Sessions des Wochenendes live zu verfolgen (nach **11**). Seit Mitte der 2000er-Jahre expandiert die Formel 1 vornehmlich in den asiatischen Raum, bringt zugleich aber auch ehemalige Strecken wie Österreich und Mexiko zurück in den Kalender (s. **Abb. 4**). An diesem Kurs will Liberty Media festhalten und plant daher einen Grand Prix in Vietnam sowie Miami.

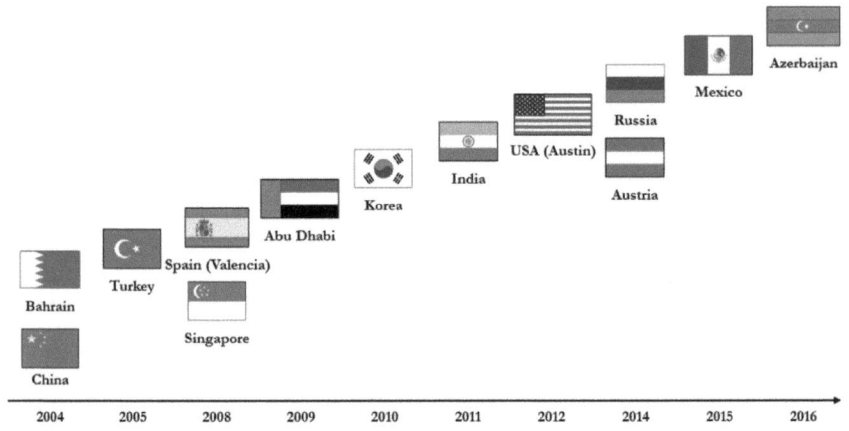

Abb. 4. Expansionen der Formel 1 seit 2004 (**10**; S. 25)

3.2 Sicht der Formel 1-Teams

Wenn man sonntags den Fernseher einschaltet und Formel 1 schaut, dann sind die Rennwagen der verschiedenen Teams neben den Fahrern die entscheidende Komponente für Erfolg oder Scheitern. Jedes Jahr bauen die Teams ihre Rennwagen, in der Hoffnung besser abzuschneiden als in der letzten Saison und die direkte Konkurrenz hinter sich zulassen.

Während der Saison zeigt sich dann, wer das Entwicklungsrennen für sich entscheidet und auch noch im letzten Rennen das beste Fahrzeug im Feld hat. Denn wer zwar im Winter ein solides Fahrzeug baut, aber nach mehreren Rennen nicht kontinuierlich weiterentwickelt, wird schnell von der Konkurrenz eingeholt (und überholt).

Wie bereits angeklungen werde ich in diesem Kapitel die aktuellen Teams der Saison 2018 in puncto Wirtschaftlichkeit genaustens beleuchten und dabei zwischen den drei Werkteams und den sieben Privatteams unterscheiden.

3.2.1 Werkteams

Als Werksteam gelten die Konstrukteure Mercedes, Ferrari und Renault (nach **8**). Sie produzieren Motoren für ihre eigene Teams und für ihre Kunden. Da sie Teil des jeweiligen Konzerns sind, verfügen sie über die höchsten Budgets. Anhand des Mercedes Teams werde ich die Leitfrage dieser Facharbeit versuchen zu beantworten.

Das Mercedes Team fährt seit der Saison 2010 in der Formel 1 und konnte seitdem vier Konstrukteurs- und Fahrerweltmeisterschaften feiern. Daimler übernahm das Team damals für rund 120 Millionen US-Dollar von Ross Brawn. Mittlerweile halten neben Daimler (60%) auch der Teamchef Toto Wolff (30%) sowie Niki Lauda (10%) Anteile am Team.

Mercedes beliefert neben dem eigenen Team auch Force India und Williams, die dafür rund 19,4 Millionen US-Dollar bezahlen. Dass die Mercedes Motoren so erfolgreich sind kommt nicht von ungefähr.

Wie kürzlich bekanntwurde, steigerte Mercedes seine Ausgaben für die Produktion der Motoren auf 247 Millionen US-Dollar.

Auch die Kosten für Forschung und Entwicklung sowie die Anzahl der Beschäftigten stiegen stark. Wie sich noch zeigen wird, sind diese Kosten begründet. Denn zwischen Brackley, dem Hauptsitz des Mercedes F1 Teams und Stuttgart, dem Hauptsitz von Daimler, bestehen große Synergien im Bezug auf die Serienentwicklung (nach **13**).

Das neueste gemeinsame Projekt trägt den Namen „Project ONE", welches das erste Serienfahrzeug mit Formel 1-Motor sowie Technik sein wird. Es wurde auf der IAA 2017 erstmals vorgestellt und wird knapp 1 000 PS leisten und eine Höchstgeschwindigkeit von rund 350 km/h haben.

Die Formel 1-Technik äußert sich konkret beim Motor, da es sich hierbei um den selben 1,6 Liter-V6-Hybridmotor handelt wie in den F1-Boliden. Außerdem kommen die beiden **ERS-Systeme**, also die **MGU-H** und **MGU-K** zum Einsatz (s. **Abb. 5**).

Mit dem Mercedes-AMG Project ONE werden wichtige Erkenntnisse für die Plug-in-Hybrid-Antriebstechnik sowie erweitere Fahrzeugelektronik gesammelt, die bei zukünftigen AMG-Serienfahrzeugen eingesetzt werden kann (nach **9**).

Abb. 5: Mercedes-AMG Project ONE – Aufbau (**9**)

Doch die Kooperation geht noch darüber hinaus. Denn seit Einführung der V6-Hybridmotoren hat die Formel 1 erheblich an Relevanz für die Serienproduktion gewonnen, sodass die Zusammenarbeit seit 2014 intensiviert wurde.

Ein großes Hauptgebiet stellt die Hybridisierung dar. Die Serienproduktion profitiert davon, dass das F1 Team, aber auch die beiden Kundenteams zahlreiche Komponenten wie den Motor, Batterie und Steuerungssysteme kontinuierlich weiterentwickelt. Die erfassten Daten konnten so für den 2014 eingeführten S 500 PLUG IN HYBRID genutzt werden, da sowohl er als auch der damalige W05 Hybrid enorme Effizienzsteigerungen gegenüber ihren Vorgänger hatten.

Auch beim Leichtbau profitiert die Serienentwicklung von der Formel 1. Bereits seit über 20 Jahren werden nur noch Kohlefaserverbundwerkstoffe in der Serie verwendet, Mercedes-Benz setzte 2003 beim SLR McLaren auf solche Materialen. Heutzutage kommt Karbon bei weiteren Modellen wie dem SL und den AMG Black Series Modellen zum Einsatz (nach **12**).

3.2.2 Privatteams

Als Privatteam zählen Red Bull Racing, Force India, McLaren, Toro Rosso, Sauber, Williams und Haas (nach **8**). Im Gegensatz zu den Werkteams verfügen sie meistens über deutliche geringere Budgets, wodurch sie nicht dieselben Erfolge wie Mercedes und Ferrari leisten können. Eine Ausnahme unter den Privatteams bildet Red Bull Racing, die wie der Name es schon vermuten lässt, im Besitz des Energy-Drink Herstellers Red Bull sind.

Zurzeit beruhen die Einnahmen der Teams auf drei verschiedenen Quellen, dem Sponsoring, den TV-Einnahmen und den Preisgeldern. Besonders der letzte Punkt sorgt für große Kluften zwischen den Top- und den Mittelfeldteams. Alle Teams erhalten für die Teilnahme festgelegte Summe, darüber hinaus werden Preisgelder für die erfolgreichen Teams ausgezahlt. Da Ferrari das Team mit der großen Historie ist, bekommt es noch zusätzliche Gelder zugesprochen. Letztendlich muss man am Ende der Saison feststellen, dass nicht unbedingt der Konstrukteurs-Weltmeister die meisten Einnahmen macht. Dem möchte Liberty Media entgegenwirken und das System der Preisgelder überarbeiten.

Während in der Vergangenheit oft über eine Budgetobergrenze diskutiert wurde, will Liberty Media dies 2021 endlich umsetzen. Besonders Mercedes und Ferrari drohten bereits mit dem Ausstieg aus der Formel 1 sollte eine Obergrenze Realität werden. Konkret sollen die Ausgaben der Teams auf rund 150 Millionen Dollar begrenzt werden (nach **14**).

Profitieren würden vor allem die kleinen Privatteams, während die Werkteams künftig nicht mehr derartig hohe Ausgaben tätigen könnten wie bisher [siehe 3.2.1]. Bislang übersteigen nur die Budgets der Werkteams und von Red Bull Racing die Obergrenze deutlich (s. **Abb. 6**).

F1 TEAM FINANCES

	Revenue	Costs	Net profit/loss
Ferrari*	£382.0m	-£464.0m	-£82.0m
Force India Formula One Team	£81.4m	-£109.1m	-£11.6m
Haas Formula	£100.0m	-£94.9m	£4.1m
Haas Formula Italia	£6.9m	-£6.2m	£0.4m
McLaren Racing	£190.3m	-£193.6m	-£3.2m
Mercedes-Benz Grand Prix	£289.4m	-£275.1m	-£3.8m
Mercedes AMG High Performance Powertrains	£140.4m	-£126.9m	£1.5m
Red Bull Technology	£247.8m	-£238.1m	£8.4m
Renault Sport Racing (UK)	£119.1m	-£121.0m	-£3.3m
Renault Sport Racing (France)	£191.1m	-£197.5m	-£8.8m
Sauber Motorsport**	n/a	n/a	n/a
Scuderia Toro Rosso	£127.3m	-£124.8m	£1.5m
Williams Grand Prix Engineering	£177.7m	-£170.8m	£5.9m
TOTAL	**£2,053.4m**	**-£2,122.0m**	**-£90.9m**

* All data is derived directly from 2016 financial statements, except in the case of Ferrari which is only partially derived from financial statements.
** Sauber is based in Switzerland and therefore does not file publicly available accounts.

Abb. 6: Einnahmen der Formel 1-Teams der Saison 2016 (**14**)

Im Gegensatz zu den Werkteams müssen die Privatteams oftmals ihre gesamten Einnahmen reinvestieren, um im WM-Kampf und bei der Fahrzeugentwicklung über die Saison einen Vorteil gegenüber der direkten Konkurrenz zu haben. Solche Sorgen haben die Werkteams, die im Besitz der größten Automobilkonzerne sind, nicht.

Eine Budgetobergrenze würde zwar den Wettbewerb zwischen den Top-Teams und den kleinen Privatteams fairer machen, birgt trotzdem Probleme. Die Top-Teams beschäftigen jeweils mehr als 500 Mitarbeiter, durch die Einführung der Budgetobergrenze würden also Hunderte von Arbeitsplätzen wegfallen, diese Sorge äußerte bereits Christian Horner, Teamchef von   Red Bull Racing. Auch Ferrari und Mercedes äußerten Kritik an der zu niedrigen Obergrenze, zeigten sich aber gleichzeitig bereit für Kompromisse.

Dass die Budgetobergrenze nicht die beste Lösung darstellt, zeigt die Insolvenz von Force India im August 2018. Zwar hatte das Teams 2016 die zweitniedrigsten Ausgaben aller Teams, jedoch konnte es trotzdem in den letzten Jahren Podien und zweimal den vierten Platz in der Konstrukteurs-Weltmeisterschaft erzielen (nach **19**).

3.3 Sicht der Streckenbetreiber

Neben den verschiedenen Teams und Fahrer gehören selbstverständlich auch die verschiedenen Formel 1-Strecken dazu. Denn jedem Team passt die ein oder andere Strecke besser als anderen. Das liegt daran, wie der Bolide konstruiert ist. Sogenannte

Stadtkurse zählen definitiv zu den kniffligsten Strecken im Kalender. Sie stellen dabei die aufregendsten und spannendsten Events im Kalender dar, sei es der prestigeträchtige Monaco Grand Prix oder der Singapore Grand Prix, der seit 2008 bei Nacht ausgetragen wird (nach **7**). In diesem Kapitel will ich mich dabei genauer mit der Wirtschaftlichkeit von Stadtkursen sowie permanenten Rennstrecken auseinandersetzen.

Im Gegensatz zu permanenten Rennstrecken, die eine lange Bauzeit benötigen, können Stadtkurse binnen eines Jahres errichtet werden. Jedoch sind die Betriebskosten wesentlich höher, da öffentliche Straßen gesperrt und umgewandelt werden müssen, um den FIA-Sicherheitsbestimmungen zu entsprechen. Die Gesamtkosten belaufen sich auf geschätzt 57,5 Millionen US-Dollar, wobei die Mitarbeiter und Tribünen zusammen knapp die Hälfte ausmachen (s. **Abb. 7**).

ANNUAL RUNNING COSTS OF AN F1 STREET RACE

Cost	Amount
Staffing	$16 million
Grandstands	$14 million
Barriers and fencing	$8 million
Pit buildings	$8 million
Vehicle, office and utilities payments	$6 million
Miscellaneous	$4.5 million
Insurance	$1 million
TOTAL	**$57.5 million**

Abb. 7: Jährliche Betriebskosten eines F1-Stadtkurses (**3**)

Am Beispiel des Circuit of the Americas (COTA), welches seit 2012 den US Grand Prix austrägt, will ich aufzeigen, wie hoch die Kosten und Wirtschaftlichkeit für eine permanente Rennstrecke aussehen.

Insgesamt beliefen sich die Baukosten beim COTA auf rund 270 Millionen   US-Dollar, einem Durchschnittswert für den Bau einer neuer Rennstrecke. Die Betriebskosten liegen nur bei rund 18 Millionen US-Dollar, was wesentlich weniger ist als bei Stadtkursen.

Der jeweilige Streckenbetreiber und die Formula One Group handeln oftmals Zehnjahresverträge aus, wobei die jährliche Gebühr im ersten Jahr rund 31,5 Millionen US-Dollar beträgt und fortan jährlich um 5% steigt. Schlussendlich belaufen sich die Ausrichtungsgebühren für den Streckenbetreiber auf rund 400 Millionen US-Dollar nach Abschluss des Zehnjahresvertrages (s. **Abb. 8**)

ANNUAL FEE FOR AN F1 RACE

Year	Fee
Year 1	$31.5 million
Year 2	$33.1 million
Year 3	$34.7 million
Year 4	$36.5 million
Year 5	$38.3 million
Year 6	$40.2 million
Year 7	$42.2 million
Year 8	$44.3 million
Year 9	$46.5 million
Year 10	$48.9 million
TOTAL	**$396.2 million**

Abb. 8: Jährliche Gebühren einer F1-Rennstrecke (**3**)

Insgesamt belaufen sich die Kosten des Streckenbaus, der Ausrichtungsgebühren und den Betriebskosten auf knapp 700 Millionen   US-Dollar (nach **3**). Besonders die steigenden Ausrichtungskosten sorgen für finanzielle Engpässe bei den Streckenbetreibern. Ein Beispiel dafür ist der Hockenheimring, der seit 2008 nur noch alle zwei Jahre einen Grand Prix austrägt, da zu wenige Tickets abgesetzt werden und die steigenden Ausrichtungskosten nur schwer begleichen können. Ohne staatliche Hilfen können die meisten europäischen Strecken die Gebühren langfristig nicht bezahlen (nach **20**).

3.3.1 Sicht der Gastgeberstaaten

Bei einem Rennen profitieren nicht nur die Streckenbetreiber selbst, sondern auch der Staat. Ein gutes Beispiel dafür liefert der Singapur Grand Prix.

Einer Analyse des Rennwochenendes 2017 zufolge konnte ein Anstieg der Besucherzahlen festgestellt werden, insbesondere bei Restaurants und Einkaufszentren. Auch Hotels wie das Mandarin Oriental und Marina Bay Sands profitieren von Mehreinnahmen während des Grand Prix. Ein solcher „Boost" für die lokale Wirtschaft ist aber nicht nur in Singapur zu finden (nach **16**).

Auch Mexiko, dass seit 2015 wieder einen Grand Prix austrägt, profitiert in ähnlicher Weise wie Singapur von mehr Besuchern. Die Antrittsgebühr beträgt knapp 33 Millionen US-Dollar, die aber größtenteils von der Regierung bezahlt werden. Doch diese Summe zu begleichen lohnt sich. Der Mexiko Grand Prix hatten die meisten Zuschauer in der gesamten Saison

2015. Knapp 335.000 Zuschauer brachten Einnahmen in Höhe von rund 169 Millionen US-Dollar.

Wie in Singapur profitieren auch Hotels in Mexiko. Eines davon ist das St. Regis Mexico City, welches sich in unmittelbarer Nähe zur Rennstrecke befindet. Dem Hoteldirektor zufolge ist die Zeit während des Grand Prix einer der profitabelsten des Jahres. Außerdem bot das Hotel 2015 eine exklusive Veranstaltung mit dem aktuellen Weltmeister Lewis Hamilton an. Aufgrund der Lage entscheiden sich auch einige Formel 1-Teams für dieses Hotel (nach **15**).

3.4 Interview mit Hockenheimring

3.4.1 Vorbereitung

Im Rahmen des Praxisanteils für die Facharbeit habe ich mich für ein schriftliches Interview mit dem Hockenheimring entschieden, da dessen finanzielle Probleme besonders interessant für diese Facharbeit sind. Darüber hinaus ist der Hockenheimring einer der wenigen Traditionsstrecken im Formel 1-Kalender, sodass ihm hier eine besondere Bedeutung zugutekommt.

Im Vorfeld des Interviews hatte ich bereits einen groben Überblick über die aktuelle Situation des Hockenheimrings, mithilfe des Interviews wollte ich dann auch Einzelheiten zur Lage herausfinden.

Dementsprechend habe ich dann die Interviewfragen ausgearbeitet. Meine Fragestellungen zielten darauf ab, wie der Hockenheimring in diese Situation kam, welche Entwicklung die Zuschauerzahlen genommen hat und wie die zukünftigen Pläne aussehen.

3.4.2 Auswertung

Die Fragen wurden teilweise sehr ausführlich beantwortet, dabei wurden auch einige Details angeführt, über die ich bisher keine Kenntnis besaß.

Inhaltlich konnte ich einige, für die Facharbeit interessante, Aspekte feststellen. Zum einen die negative Entwicklung der Zuschauerzahlen, die bereits seit 2007 dafür sorgte, dass nur alle zwei Jahre die Formel 1 auf dem Hockenheimring gastierte. Zum anderen die Bedeutung der Formel 1 für die Rennstrecke als auch für die Metropolregion Rhein-Neckar, die von 12 Millionen Euro Mehreinnahmen am Rennwochenende profitiert.

3.5 Sicht der Medienkonzerne

Für den Zuschauer gilt es als selbstverständlich, wenn man jedes Wochenende die Formel 1 auf dem heimischen Fernsehgerät verfolgen kann. Doch dem ist nicht so. Die verschiedenen TV-Sender in Europa und den USA handeln Verträge mit Liberty Media, dem Eigentümer der Formel 1, aus, um sich die Übertragungsrechte zu sichern. Dabei hat sich in den letzten

Jahren ein Kampf zwischen den frei empfangbaren und bezahlpflichten TV-Sender entwickelt.

Ein konkretes Beispiel liefert Italien, wo der öffentliche-rechtliche Sender Rai seit 1953 alle Rennen der Formel 1 live übertrug.

Dies änderte sich dann aber in den letzten Jahren, da vermehrt der Pay-TV-Sender Sky Italia die Rennen exklusiv übertrug. Zuletzt übertrug Rai neun Rennen der Saison 2017, wird künftig jedoch keine Rennen mehr zeigen. Stattdessen präsentiert Sky Italia für die nächsten drei Jahre weiterhin die gesamte Saison exklusiv, vier Rennen werden jedoch auf einem frei empfangbaren Partnersender übertragen. Zumindest den Italien Grand Prix wird Rai vermutlich präsentieren.

In Großbritannien verlief die Situation ähnlich ab. Bereits 2012 gab es einen Split-Vertrag zwischen dem Pay-TV-Sender Sky UK und der BBC bzw. Channel 4. Beide Sender übertrugen fortan etwa die Hälfte der Rennen. Doch damit ist jetzt Schluss. Ab 2019 erhält Sky UK die exklusiven Übertragungsrechte, jedoch wurde im Vertrag bestimmt, dass zumindest der britische Grand Prix sowie Highlights der anderen Rennen frei empfangbar sein sollen.

Während in Italien und Großbritannien Sky sich jeweils die Exklusivrechte für die nächsten Jahre sichern konnte, gibt es in anderen europäischen Ländern auch einen Trend zum frei empfangbaren Fernsehen.

In Deutschland beispielsweise hat der Free-TV-Sender RTL sich im Januar 2018 die Übertragungsrechte für die nächsten drei Jahre gesichert. Bis 2017 übertrug auch Sky Deutschland die Rennen bezahlpflichtig, hat sich jedoch nach Bekanntwerden des RTL-Vertrages zurückgezogen. Damit stellt Deutschland eine Besonderheit dar, da es als einziges europäisches Land alle Rennen frei empfangbar überträgt.

Der Eigentümer der Formel 1, Liberty Media möchte dabei ein Gleichgewicht zwischen frei empfangbaren und bezahlpflichtigen Fernsehen schaffen. Doch dies birgt Probleme. Zwar steigern bezahlpflichte Inhalte die Einnahmen, von denen auch die Teams profitieren, reduzieren aber gleichzeitig die Zuschauerzahlen, was wiederum die Formel 1 unattraktiv für Unternehmen machen würde. Der Rückgang der Zuschauerzahlen bei   Pay-TV-Sender wird besonders in Großbritannien deutlich. Während die beiden frei empfangbaren TV-Sender BBC und Channel 4 2015 auf zusammen durchschnittlich 5 Millionen Zuschauer kamen, konnte Sky UK nur knapp 650.000 Zuschauer für sich gewinnen. Prognosen zufolge sollen die Zuschauerzahlen in Großbritannien aufgrund des neuen Sky-Vertrages in den nächsten um 80% sinken (nach **18**).

Verstärkt wird die Entwicklung zum bezahlpflichtigen Fernsehen durch den hauseigenen Streamingdienst F1-TV, der seit März verfügbar ist (nach **11**).

Zwar hat Liberty Media bereits für einige Veränderungen in der Saison 2018 gesorgt, u.a. den Bahrain Grand Prix künftig nachts auszutragen und durch weitere Kameras neue Blickwinkel von den Fahrzeugen zuzulassen. Doch solange die Formel 1 hauptsächlich nur über bezahlpflichtige Angebote, wie Sky oder F1-TV, empfangbar ist, werden die Änderungen seitens Liberty Media nur einen geringen Nutzen haben (nach **18**).

3.6 Sicht der Sponsoren

Sponsoren zählen zu einem der vier Einnahmebereiche der Formula One Group. Im letzten Geschäftsjahr 2017 konnte ein Umsatz in Höhe von 1,8 Milliarden US-Dollar erwirtschaftet werden, wobei Sponsoreneinnahmen einen Umsatzwert von 273 Millionen US-Dollar ausmachten.

In den letzten Jahren konnte die Formel 1 mehrere Sponsoren für sich gewinnen, dazu zählen u.a. Rolex und Emirates. Sie sorgten bei ihrem Einstieg 2013 für einen Anstieg der Sponsoreneinnahmen um 55 Millionen US-Dollar (s. **Abb. 9**). In den Folgejahren konnten keine ähnlich großen Unternehmen als Sponsor für die Formel 1 gewonnen werden.

Trotzdem wurden kleine Verträge mit der Champagnermarke Carbon und der russischen Bank VTB unterzeichnet, die zudem als Titelsponsor des russischen Grand Prix fungiert (nach **17**).

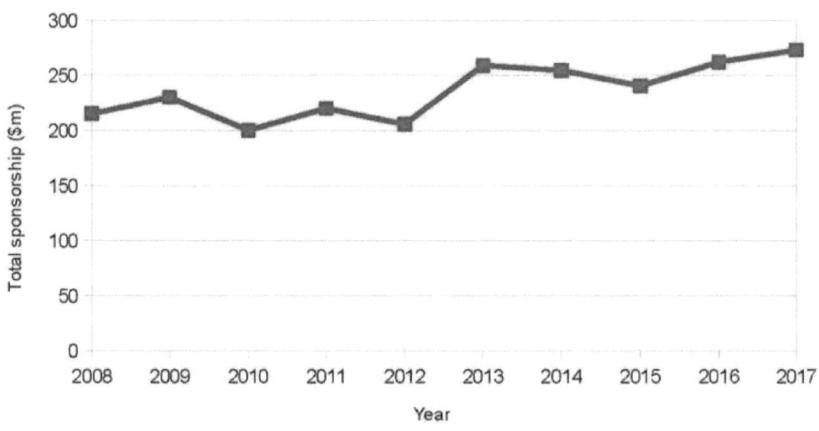

Abb. 9: Entwicklung der Sponsoreneinnahmen seit 2008 (**17**)

4. Fazit

In den vorigen Seiten habe ich in den beiden Bereichen Ökologie und Ökonomie enorm viele Erkenntnisse dazugewonnen, die ich im abschließenden Fazit nochmals zusammenfassen möchte.

Unter dem Aspekt Ökologie habe ich die Entwicklung der Motoreneinheiten vom 2,4 Liter-V8-Motor zum 1,6 Liter-V6-Hybridmotor ausführlich dargestellt und aufgezeigt, welche Schritte in Richtung Hybridisierung gegangen werden. Beim aktuellen Motor zeigt sich deutlich, dass der reine Verbrennungsmotor nur noch ein kleinen Teil des Antriebsstrang darstellt, stattdessen sind die beiden Energierückgewinnungssysteme MGU-H und MGU-K fortan entscheidende Komponenten.

Durch Reglementänderungen, die das Nachtanken verboten und das Benzinlimit senkten, konnten im Zusammenspiel mit den V6-Hybridmotoren zudem signifikante Veränderungen bei den CO_2-Emissionen machen.

Mit der Einführung der Hybridmotoren im Jahre 2014 befindet sich die   Formel 1 bereits auf dem richtigen Wege. Mit den Reglementänderungen im Jahre 2021 sollten die richtigen Weichen für eine nachhaltige Formel 1 gestellt werden, und dabei die Hybridisierung weiter vorantreiben.

Beim Aspekt Ökonomie habe ich mich besonders auf die Formula One Group, die Teams und Streckenbetreiber bezogen. Seitdem Einstieg von Liberty Media befindet sich die Formel 1 definitiv im Aufschwung und bringt Neuerungen auf den Weg, die zu Ecclestone Zeiten unvorstellbar gewesen wäre.

Besonders im Bereich Digitalisierung werden mit der steigenden Social-Media-Präsenz die richtigen Maßstäbe gesetzt, aber auch die Interessen der kleineren Teams werden mehr berücksichtigt, Stichwort Budgetobergrenze.

Jedoch gibt es auch Kritikpunkte zu äußern. Der Trend zum bezahlpflichtigen Fernsehen und die steigenden Ausrichtungsgebühren, die besonders die europäischen Traditionsstrecken wie Hockenheim und Monza langfristig nicht mehr stemmen können, stehen im Widerspruch mit den Interessen der langjährigen Fans und Zuschauer. Hier sollte Liberty Media ihre Wirtschaftspolitik nochmals überdenken, denn ohne Fans und Zuschauer ist die Formel 1 definitiv   nicht   dasselbe.

5. Quellenangaben

1. Bücher

(1) *Zeitverlag Gerd Bucerius*   DIE ZEIT – Das Lexikon in 20 Bänden – Band 10, Hamburg, 2005

2. Internetquellen

(2) http://www.mdpi.com/2071-1050/10/6/1841/htm

(3) https://www.forbes.com/sites/csylt/2017/03/13/the-1-billion-cost-of-hosting-an-f1-race/#294f14f74f79

(4) https://www.formula1.com/en/championship/inside-f1/understanding-f1-racing/Energy_Recovery_Systems.html

(5) https://www.mercedesamgf1.com/de/mercedes-amg-f1/technik-revolution-die-power-unit/

(6) https://www.motorsport-magazin.com/formel1/news-247350-formel-1-motoren-2021-streit-um-die-technik-zukunft/

(7) https://www.formula1.com/en/racing/2018/Singapore.html

(8) https://www.formula1.com/en/teams.html

(9) https://www.mercedes-benz.com/de/mercedes-benz/fahrzeuge/mercedes-amg-project-one-formel-1-technologie-fuer-die-strasse-3/

(10) http://ir.libertymedia.com/static-files/f412aecf-9df8-4d7a-8ac2-64f72edbd993

(11) https://www.formula1.com/en/latest/article.formula-1-to-launch-f1-tv-a-live-grand-prix-subscription-service.5BmnYwhbaM86yeAe22sOmW.html

(12) https://media.daimler.com/marsMediaSite/de/instance/ko/Synergien-zwischen-Formel-1--und-Serienentwicklung-Effizienz-gleich-Performance.xhtml?oid=9918885

(13) https://www.forbes.com/sites/csylt/2018/09/23/mercedes-f1-engine-investment-accelerates-to-250-million/#7c9f7f2e5fe7

(14) https://www.forbes.com/sites/csylt/2018/04/08/revealed-the-2-6-billion-budget-that-fuels-f1s-ten-teams/#751f85ce6595

(15) https://www.forbes.com/sites/csylt/2016/10/29/checking-out-how-f1-boosts-hotel-takings/#4cd65a952929

(16) https://www.thedrum.com/news/2017/09/22/formula-one-big-boost-singapores-economy-according-research-blis

(17) https://www.forbes.com/sites/csylt/2018/08/13/f1-sponsorship-growth-slows-down/#210fe2181598

(18) https://www.bbc.com/sport/formula1/42816877

(19) https://www.forbes.com/sites/csylt/2018/09/11/why-formula-one-doesnt-need-a-budget-cap/#4444dfcc246e

2. Interview

(20) Interview mit Frau X. (Hockenheimring)

3. Abbildungen

Abb. 1: 13

Abb. 2: 5

Abb. 3: 2; S. 17

Abb. 4: 10; S. 25

Abb. 5: 9

Abb. 6: 14

Abb. 7: 3

Abb. 8: 3

Abb. 9: 17

6. Anhang

Interview mit dem Hockenheimring

Interview wurde aus urheberrechtlichen Gründen für die Veröffentlichung entfernt.